Im Auftrag hergestellte Sonderausgabe
Gesamtherstellung: G & G Buchproduktion, Hollabrunn

NEUE ABENTEUER IM WICHTEL REICH

SCHNURRI MURRI
FIXI
FAXI..

BEI HELLEM, GOLD'NEM SONNENSCHEIN
LÄUFT KASPERL IN DEN WALD HINEIN.
EI, WIE SCHÖN DIE VÖGLEIN SINGEN,
KASPERL MUSS VOR FREUDE SPRINGEN.

UNTER HOHEN, ALTEN BÄUMEN
SIEHT ER EINE BLUME TRÄUMEN.
„KRÄCHZEN AUCH DIE ALTEN RABEN,
DIESE“, SPRICHT ER, „MUSS ICH HABEN!“

„SCHIMPFE NUR, DU SCHWARZES TIER,
DIESE BLUME NEHM' ICH MIR."
SCHON STRECKT ER DIE HÄNDE AUS.
EI, POTZTAUSEND, WELCH EIN GRAUS!

HUI, JETZT KRACHT ES FÜRCHTERLICH,
KASPERL BEBT UND ÄNGSTIGT SICH.
BLITZ UND DONNER, TSCHIN UND BUM,
DA STEHT DER ZAUB'RER KNURREBRUMM!

„HAST DIE BLUME DU GENOMMEN,
SOLLST DER STRAFE NICHT ENTKOMMEN.
VON HEUTE AN BIST DU MEIN KNECHT,
UND FOLGST DU NICHT, SO GEHT'S DIR SCHLECHT!“

„MERKE AUF UND HÖRE ZU,
LASS DAS ZAUBERBUCH IN RUH!
WAG ES JA NICHT ZU BERÜHREN,
SONST KRIEGST DU MEINEN ZORN ZU SPÜREN.“

„SCHNURRI MURRI, EINS, ZWEI, DREI,
BESEN, BESEN, KOMM HERBEI!
TRAG MICH FORT MIT WINDESSCHNELLE!“
KASPERL BLEIBT AN ORT UND STELLE.

„WART, DU DUMMER ZAUBERMEISTER,
JETZT BESCHWÖR’ ICH DEINE GEISTER.
DENN NACH DIESEM GROSSEN SCHRECKEN
WÜRDE EINE WURST MIR SCHMECKEN!“

SCHWEFELDAMPF UND PULVERRAUCH,
ZAUBERN KANN DER KASPERL AUCH.
„SCHNURRI MURRI, EINS, ZWEI, DREI,
WÜRSTCHEN, WÜRSTCHEN, KOMM HERBEI!“

„OH, DU BÖSES, SCHLECHTES TIER!
DIESE WURST GEHÖRT JA MIR!
LÄUFST DU MIR AUCH GLEICH DAVON,
WART’ NUR, KASPERL FÄNGT DICH SCHON!“

„DOCH DA DRAUSSEN IN DEM GARTEN
SEH' EIN TRAURIG' REH ICH WARTEN."
„KASPERL, KASPERL, HILF MIR SCHNELL,
EH' DER ZAUB'RER IST ZUR STELL'!"

„WILL MIT DER BLUME DICH BERÜHREN,
DANN WIRST DU GLEICH DEN ZAUBER SPÜREN!
SCHNURRI MURRI, FIXI FAXI!"
EI, DA STEHT DER KLEINE MAXI!

„HÄSCHEN, KÄTZCHEN, KOMMT HERBEI!
KASPERL HILFT MIT EINS, ZWEI, DREI!
STELLT EUCH AUF IN LANGEN REIH'N,
SOLLT GLEICH WIEDER KINDER SEIN!"

MAXI, RUDI, ANNELIESE
TANZEN FRÖHLICH AUF DER WIESE.
„LIEBES HÄSLEIN, KOMM ZU MIR,
DENN DIE REIHE IST AN DIR."

HORCHT! WER KOMMT? IHR GUTEN GEISTER!
SEHT, ES IST DER ZAUBERMEISTER!
OH, WIE SCHAUT ER GRIMMIG DREIN!
VERSTECKT EUCH DOCH, IHR KINDERLEIN!

DER ZAUB'RER WIRD VOR SCHRECK GANZ BLEICH,
ZERSTÖRET IST SEIN BÖSES REICH!
DA STEHT ER NUN, VOM BLITZ UMZUCKT,
JETZT HAT DIE ERDE IHN VERSCHLUCKT!

NOCH EINMAL KRACHT EIN DONNERSCHLAG,
DIE ERDE BEBT, ES KRÄCHZT DER RAB'!
VERSCHWUNDEN IST DAS ZAUBERHAUS,
ZU ENDE IST'S MIT SPUK UND GRAUS.

HEISSASSA, HEI DIDELDUM!
ALLES TANZT IM KREIS HERUM!
KINDER FROH ZUR MUTTER GEHN,
KASPERL RUFT: „AUF WIEDERSEHN!“

Besuch im
Wichtelhaus
F. K.

WEIL DIE SONNE FREUNDLICH LACHT,
WIRD HEUT' EIN BESUCH GEMACHT.
ALLE RÜSTEN SICH GAR FEIN,
ES FREUT SICH DARÜBER GROSS UND KLEIN.

„SUSE, BIND DIE MASCHE FEST!
OB SICH FRITZ WOHL BÜRSTEN LÄSST?"
WICHTELMUTTER HAT ZU TUN,
JEDOCH SPÄTER WIRD SIE RUHN.

VOLLER EIFER FRITZCHEN SPRICHT:
„NEIN, JETZT FAHREN WIR NOCH NICHT,
MUSS DEN PFERDEN FUTTER BRINGEN,
WEIL SIE DANN VIEL HÖHER SPRINGEN!“
ALLE SIND ZUR FAHRT BEREIT,
ES IST WIRKLICH HÖCHSTE ZEIT.

SUSE EILT NUN SCHNELL ZUM WAGEN,
SIE DARF DIE GESCHENKE TRAGEN.

VOR FREUDE LACHT UND SCHERZT MAN VIEL
UND KOMMT RECHT FRÖHLICH AN DAS ZIEL,
BEGRÜSSET SICH NACH LANGER ZEIT
GAR INNIG UND VOLL HERZLICHKEIT.

ES FREUT SICH ONKEL PUCK SO SEHR,
DER WICHTELVATER FAST NOCH MEHR!
UND SEHT NUR ERST DIE KINDER,
DIE FREUEN SICH NICHT MINDER.

HERBEI, GEDECKT IST SCHON DER TISCH,
GREIFT BITTE ZU, DER MOST IST FRISCH.
EIN KÜHLER TRUNK TUT ALLEN GUT,
GIBT NEUE KRAFT UND FROHEN MUT.

DIE GROSSE TORTE HERRLICH SCHMECKT,
VOLL ANDACHT UNSER FRITZCHEN SCHLECKT.
SEHT NUR DAS GROSSE KÄFERTIER!
WAS MACHT ES DENN? WAS WILL ES HIER?

BALD ABER SIND SIE ALLE SATT,
'S IST NIEMAND HIER, DER HUNGER HAT.
MAN SITZT EIN WEILCHEN, REDET VIEL,
DANN DENKT MAN AN EIN LUSTIG' SPIEL.

ONKEL PUCK SPIELT „BLINDE KUH“!
BINDET IHM DIE AUGEN ZU!
HAHAHA — DU WILLST UNS SCHRECKEN!
SELBST DAS BIENCHEN DARF DICH NECKEN!

VOGELSANG UND BLUMENDUFT,
HEI — WIR FLIEGEN DURCH DIE LUFT!
HEISSA, HEISSA — HIN UND HER!
SCHAUKELN FREUT DIE WICHTLEIN SEHR!
VORSICHT! SCHAUKELT NICHT ZU HOCH!
GEBT NUR ACHT, IHR PURZELT NOCH!

AUFMERKSAM SCHAUT SUSE ZU,
FRITZCHEN PFLEGT IM GRAS DER RUH.

DIE PFERDE SIND SCHON AUSGERUHT,
EIN FLOTTER RITT, DER TUT GUT.
NUR SCHNELL, IHR SPRINGER, KOMMT HERBEI!
AUF, AUF ZUR LUST'GEN REITEREI!

HEI — WIR REITEN IM GALOPP,
SCHNELL MEIN PFERDCHEN, HOPP, HOPP, HOPP!
UM DIE WETTE JAGEN WIR,
EILE DICH MEIN GUTES TIER!

HOCH DER MOND AM HIMMEL STEHT,
SCHNELL NACH HAUSE, ES IST SPÄT!
VATER SPANNT DEN WAGEN AN,
MÜDE TROTTET DAS GESPANN.

KLAPS — DIE AUGEN FALLEN ZU,
ALLES SCHLÄFT IN GUTER RUH,
UND SO FAHREN SIE NACH HAUS',
DENN DER SCHÖNE TAG IST AUS.

ACHTUNG, BRECHT EUCH NUR KEIN BEIN!
EINER MUSS DER ERSTE SEIN!
DORT AM ZIEL STEHT ONKEL PUCK.
„HALT, IHR REITER! ’S IST GENUG!“

FRITZ, DU BRAUCHST DICH NICHT ZU ZIEREN,
ALLE WOLLEN GRATULIEREN!
NIMM IHN NUR, DEN GRÜNEN KRANZ,
WIRKLICH, ER GEHÖRT DIR GANZ!

PUCK
der Waldzwerg

HEUPFERD UND KÄFERLEIN,
PRIMEL UND SCHNEEGLÖCKLEIN
SCHLUMMERN SO STILL UND BRAV,
LIEGEN IM WINTERSCHLAF.

HEISSASSA, TRALALA —
BALD IST DER FRÜHLING DA!
KÄFER KLEIN, BLÜMLEIN FEIN,
KOMMT IN DEN SONNENSCHEIN!

BLUMEN SIND AUFGEWACHT,
STEHEN IN FRÜHLINGSPRACHT,
BLÜHEN UND SPRIESSEN —
PUCK MUSS SIE GEGIESSEN!

ALLE GAR FLEISSIG SIND,
SEHT NUR DAS MAULWURFKIND!
NUN KOMMT DIE MAUS HERBEI,
GUCKT, OB ZU HELFEN SEI.

PUCK HAT SICH OFT GEBÜCKT
UND MIT EMSIGKEIT GEPFLÜCKT
GUTE FRÜCHTE, ROT UND RUND,
WALDERDBEEREN SIND GESUND!

HEISSA, HEISSA, IM GALOPP,
PFERDCHEN SPRINGEN HOPP, HOPP, HOPP!
BITTE, LANGSAM, LIEBE TIERE,
WEIL ICH ALLES SONST VERLIERE!

ES LIEGT DER SEE IM SONNENSCHEIN,
JETZT MUSS ES WOHL SCHON SOMMER SEIN!
DAS STOLZE SCHIFF, ES FÄHRT GESCHWIND,
DAS SEGEL BLÄHET SICH IM WIND.

ZWERG PUCK IST HEUTE STEUERMANN,
SEEROSE GUCKT IHN FREUNDLICH AN,
ZWEI FISCHE HIER IM KÜHLEN NASS,
DIE DENKEN SICH: „WAS IST DENN DAS?“

HEUTE HAT DER WALDZWERG GÄSTE,
KOMMT HERBEI ZUM FROHEN FESTE!
RECHTS HERUM UND LINKS HERUM,
HOPSASSA, HEIDIDELDUM!

DURSTIG DARF HIER NIEMAND SEIN,
DOCH WIR TRINKEN KEINEN WEIN!
GUT SCHMECKT UNS DER APFELSAFT,
UND ER GIBT DIE RECHTE KRAFT!

DER SOMMER GEHT DEM ENDE ZU,
DER HAMSTER RÜSTET SICH ZUR RUH'
UND SAMMELT SCHON, WIE ES SEIN BRAUCH,
DER KÖRNER VIEL FÜR SEINEN BAUCH.

DIE HERBSTZEITLOSEN LAUSCHEN STILL.
„OH, LIEBE SCHWESTER, BRAUCHT DER VIEL!
DREI SCHWERE SÄCKE, SCHAU NUR, SCHAU,
SCHLEPPT ER JETZT EMSIG IN DEN BAU!“

UND JEDER IST MIT FLEISS BEDACHT,
ZU SAMMELN FÜR DIE WINTERNACHT.

DAS EICHHORN SUCHT SICH NUSS UM NUSS,
WEIL'S AUCH IM WINTER FRESSEN MUSS.
SEHT NUR DER IGEL! EI, WIE NETT!
ER SAMMELT BLÄTTER FÜR SEIN BETT.
JEDOCH DAS VÖGLEIN LACHEND SPRICHT:
„WAS PLAGT IHR EUCH? ICH TU DAS NICHT!“

ES KAM DER WINTER ÜBER NACHT,
HAT GROSSE KÄLTE MITGEBRACHT.
WER WEINT DENN HIER SO BITTERLICH?
DAS VÖGLEIN BRACH DEN FLÜGEL SICH.
DER WALDZWERG FINDET ES IM SCHNEE,
VERZWEIFELT KLAGT ES IHM SEIN WEH.

„DU ARMES TIER, DU TUST MIR LEID,
KOMM MIT ZU MIR, ES IST NICHT WEIT!“

DER GUTE WALDZWERG HEIZT NUN EIN,
BALD BRENNT EIN LUSTIG FEUERLEIN.
IM STÜBCHEN IST ES WARM UND HELL,
DIE NASSEN KLEIDER TROCKNEN SCHNELL.

DANKBAR IM BETT DAS VÖGLEIN RUHT.
„ACH, LIEBER PUCK, WIE GUT DAS TUT!
WENN DANN INS LAND DER FRÜHLING ZIEHT,
DANN SING' ICH DIR MEIN SCHÖNSTES LIED!"

ZWERG FIPS LADET EIN

EIN SONNENTAG LOCKT HANS UND LIESE
ZUM BÄCHLEIN VOR DER BUNTEN WIESE.
DORT LASSEN SIE, SOLANG SIE BLEIBEN,
IHR SCHIFFLEIN AUF DEM WASSER TREIBEN.

GANZ NAH, VON BEIDEN UNGESEHEN,
ZWERG FIPS, LÄSST ES SICH WOHL ERGEHEN.
DAS FISCHEN BEI DER ALTEN WEIDE
BEREITET IHM DIE GRÖSSTE FREUDE.

DOCH KAUM LEGT FIPS ZUM MITTAGSTISCH
DIE ANGEL AUS NACH EINEM FISCH,
PLATSCH! FÄLLT ER, KEINESWEGS ZUM SPASS,
INS WASSER. OH, UND DAS IST NASS!

„ZU HILFE!“ RUFT ER, „ICH ERTRINKE!“
UND SCHON WIRFT HANS, DER IMMER FLINKE,
ERSCHRECKT VON ALL DEM SCHREIN UND JAMMERN,
DAS SCHIFF IHM ZU, SICH DRAN ZU KLAMMERN.

GOTTLOB, DIE RETTUNG IST GELUNGEN!
FIPS HAT ANS UFER SICH GESCHWUNGEN
UND DANKT NUN AUF DER TROCKNEN WIESE
DEN BEIDEN RETTERN HANS UND LIESE.

DANN SAGT ER FRÖHLICH: „ZUR BELOHNUNG
WILL ICH EUCH ZEIGEN, MEINE WOHNUNG.
SEID IHR BEREIT, MIT MIR ZU GEHEN,
SOLLT IHR GAR VIELES SCHÖNES SEHEN.“

„WIE GERNE!“ RUFEN SIE MANIERLICH,
UND FLUGS SIND SIE SO KLEIN UND ZIERLICH
WIE FIPS, DEN AUS DES BÄCHLEINS WOGEN
SIE HILFREICH AN DAS LAND GEZOGEN.

UND EINS, ZWEI, DREI, IN DIESEM FALLE,
IST PLATZ IM SCHIFFLEIN JETZT FÜR ALLE,
UND FIPS MIT KRÄFT'GEN RUDERSCHLÄGEN,
FÄHRT SIE DEM ZWERGENREICH ENTGEGEN.

AM ZIELE WIRD, KAUM ANGEKOMMEN,
IN EINER KUTSCHE PLATZ GENOMMEN.
GLÜHWÜRMCHEN HAT EIN LICHT ENTZÜNDET,
DASS ES DEN WEG DURCHS DUNKLE FINDET.

WOHIN DIE KINDER HIER AUCH BLICKEN,
ES FINDET ALLES IHR ENTZÜCKEN.
NOCH NIE IN IHREN JUNGEN JAHREN,
SIND SIE DURCH SOLCHEN WALD GEFAHREN.

NACH KURZER REISE, NUN ZU HAUSE,
GIBT FIPS DEN GÄSTEN EINE JAUSE.
AUCH ZWERGE WISSEN JA AUFS BESTE,
WIE MAN BEWIRTET LIEBE GÄSTE.

MIT BLUMEN SITZEN SIE AM TISCHE.
WIE FEIN SCHMECKT IHNEN DOCH DER FRISCHE
UND SÜSSE KUCHEN MIT DEN BEEREN,
DEN SIE ZUR GÄNZE BALD VERZEHREN.

NACHHER FÜHRT FIPS DIE KLEINE LIESE
ZUM TANZE AUF DIE NAHE WIESE.
MUSIK DAZU, NACH SEINEM WILLEN,
MACHT EINE SCHAR VERGNÜGTER GRILLEN.

HEI! WIE SIE SICH IM TANZE DREHEN!
DAS SOLLTEN LIESCHENS ELTERN SEHEN.
BEI ZIRP, ZIRP, ZIRP, AUF FROHER WEISE,
GEHT'S RECHTS UND LINKS HERUM IM KREISE.

ZULETZT FÜHRT HANS, DER ZWERGENKLEINE,
GANZ WIE EIN GROSSER, EINE FEINE
UND HOLDE BLUME AUF ZUM REIGEN.
AUCH ER DARF SEINE TANZKUNST ZEIGEN.

SIE DREHEN SICH, SIE HÜPFEN, SCHWINGEN;
VOR LUST WILL HANS DAS HERZ ZERSPRINGEN.
DAZU SPIELT FIPS EIN TRALLALA
AUF SEINER ZIEHHARMONIKA.

DOCH ALLES HAT EINMAL EIN ENDE.
FIPS REICHT DEN KINDERN SEINE HÄNDE,
UND SCHON SIND WIEDER SEINE GÄSTE
SO GROSS WIE VOR DEM ZWERGENFESTE.

DANN FÜHRT ER ÜBERS MOOS, DAS WEICHE,
HINAUS SIE AUS DEM ZAUBERREICHE,
UND BEIDE KEHREN VOLLER GLÜCK
ZU IHREN ELTERN FROH ZURÜCK.